똑똑한 직업 학교 04

초판 1쇄 인쇄 2020년 3월 24일 | **초판 1쇄 발행** 2020년 4월 23일

글쓴이 캐서린 아드 | **그린이** 세라 로런스 | **옮긴이** 이한음
펴낸이 임선희 | **펴낸곳** ㈜책읽는곰 | **출판등록** 제2017-000301호 | **주소** 서울시 마포구 모래내로7길 38 402호
전화 02-332-2672~3 | **팩스** 02-338-2672 | **홈페이지** www.bearbooks.co.kr | **전자우편** bear@bearbooks.co.kr
SNS twitter@bearboook | **ISBN** 979-11-5836-171-6, 979-11-5836-167-9(세트)
만든이 이요선, 우지영, 엄주양, 김나연, 김지연 | **꾸민이** 권영진, 신수경, 김지은 | **가꾸는이** 정승호, 고성림, 민유리, 전지훈, 김수진
함께하는 곳 이피에스, 두성피앤엘, 월드페이퍼, 해인문화사, 으뜸래핑, 도서유통 천리마

이 도서의 국립중앙도서관 출판예정도서목록(CIP)은 서지정보유통지원시스템 홈페이지(http://seoji.nl.go.kr)와
국가자료공동목록시스템(http://www.nl.go.kr/kolisnet)에서 이용하실 수 있습니다.(CIP제어번호: CIP2020010391)

Vet in Training
First published 2019 by Kingfisher, an imprint of Pan Macmillan
Text copyright © Catherine Ard, 2019
Illustrations copyright © Sarah Lawrence, 2019

이 책의 한국어판 출판권은 키즈마인드 에이전시를 통해 Macmillan Publishers International Ltd와 독점 계약한 ㈜책읽는곰에 있습니다.
이 책은 저작권법에 따라 보호받는 저작물이므로 무단 전재와 복제를 금합니다.

되자! 수의사
똑똑한 직업 학교

곳곳에 숨어 있는 병아리를 찾아 봐.

수의사 학교

훈련 프로그램

이론 1: 훈련을 시작하며 ………………………………… 6

이론 2: 직업 탐색하기 …………………………………… 8

실습 1: 동물의 몸 ………………………………………… 10

실습 2: 동물 병원 ………………………………………… 12

이론 3: 동물의 언어 ……………………………………… 14

이론 4: 반려동물 돌보기 ………………………………… 16

실습 3: 건강 검진 ………………………………………… 18

이론 5: 몸단장 …………………………………………… 20

실습 4: 어디가 아픈 걸까? ……………………………… 22

이론 6: 치료할 시간 ……………………………………… 24

이론 7: 별난 반려동물 …………………………………… 26

실습 5: 농장에서 ………………………………………… 28

이론 8: 가축 수의사의 일지 ············· 30

실습 6: 마구간에서 ························· 32

실습 7: 사파리 공원 ······················· 34

이론 9: 특수 치료 ··························· 36

이론 10: 야생에서 일하기 ············· 38

실습 8: 야생 동물 구조하기 ·········· 40

이론 11: 특이한 일터에서 ············· 42

졸업 시험 ·· 44

용어 알아보기 ···································· 46

정답 ·· 48

이론	수의사가 되기 위해 알아야 할 중요한 **정보**를 배울 수 있어.
실습	수의사가 꼭 익혀야 하는 **기술**과 **지식**을 배울 수 있어. 실습을 마치면 각 페이지에 확인 표시를 해 봐.

이론 1

훈련을 시작하며

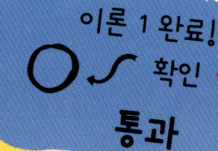
이론 1 완료!
확인
통과

수의사가 되고 싶다고? 동물들을 사랑하니?
사람들과 이야기 나누는 것을 좋아하니? 동물의 오줌과 똥도 잘 치울 수 있어?
그렇다면 수의사 학교에 온 걸 환영해!

수의사는 무슨 일을 할까?
수의사는 다치고 병든 다양한 동물들을 치료해.
건강한 동물이 병에 걸리지 않도록 돌보는 일도 하지.

수의사가 하는 일들을 살펴보자.

○ 동물 병원에서 반려인과 반려동물을 만나.

○ 아픈 동물이 낫도록 약을 처방해.

동물 병원에 있는 동물 중에 무언가 다른 동물 하나를 찾아 봐.

6

수의사를 만나 보자!

수의사의 이야기를 들어 볼까?

"반려동물이 건강하게 지내도록 돕는 일이 좋아요. 아픈 동물을 보면 몹시 마음이 아프지요."

"한밤중에도 아픈 동물이 찾아오면 치료해 줘요."

"지루할 틈이 없어요. 날마다 놀랍고 신기한 동물들을 다양하게 만날 수 있거든요."

○ 반려인에게 동물을 돌보는 가장 좋은 방법을 알려 줘.

○ 심하게 다친 동물을 수술해.

이론 2
직업 탐색하기

어떤 동물을 치료하는 수의사가 되면 좋을까?
질문에 답하면서 직업 탐색 지도를 따라가 봐.

말을 돌보는 수의사가 좋겠어.

가축을 돌보는 수의사가 좋겠어.

수의사가 돌보는 다양한 동물들

동물 병원에서 고양이, 개, 햄스터 같은 작은 동물을 보살펴.

사파리 공원과 야생 동물 구조 센터에서 사자, 호랑이, 원숭이 같은 **야생 동물**을 보살펴.

거미, 뱀, 도마뱀 같은 **별난 동물**을 보살펴.

말 목장이나 마구간에 나가 **말**과 **조랑말**을 돌봐.

농장을 돌아다니면서 소, 양, 돼지 같은 **가축**을 돌봐.

아쿠아리움과 해양 공원에서 물고기, 바다거북, 물범 같은 **수생 동물**을 보살펴.

예

말을 무척 좋아하니?

아니오

날씨에 상관없이 야외에 있는 걸 좋아하니?

아니오

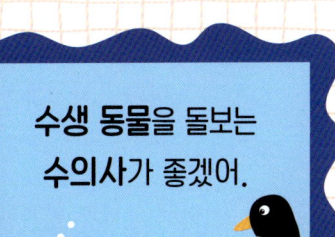
수생 동물을 돌보는 수의사가 좋겠어.

이론 2 완료! 확인 **통과**

이 책을 다 읽은 뒤 **다시 돌아와서** 해 봐!

실습 1

동물의 몸

실습 1 완료!
○✓ 확인
통과

수의사가 돌보는 동물들은 모습과 크기가 아주 다양해.
겉모습은 털, 깃털, 비늘로 덮여 있어 다르지만, 몸속 모습은 비슷하기도 해.

엑스레이 검사

사람과 동물은 공통으로 가진 뼈가 많아.

개의 뼈대에서 아래 뼈들을 찾아 봐.

○ 머리뼈
○ 갈비뼈
○ 등뼈

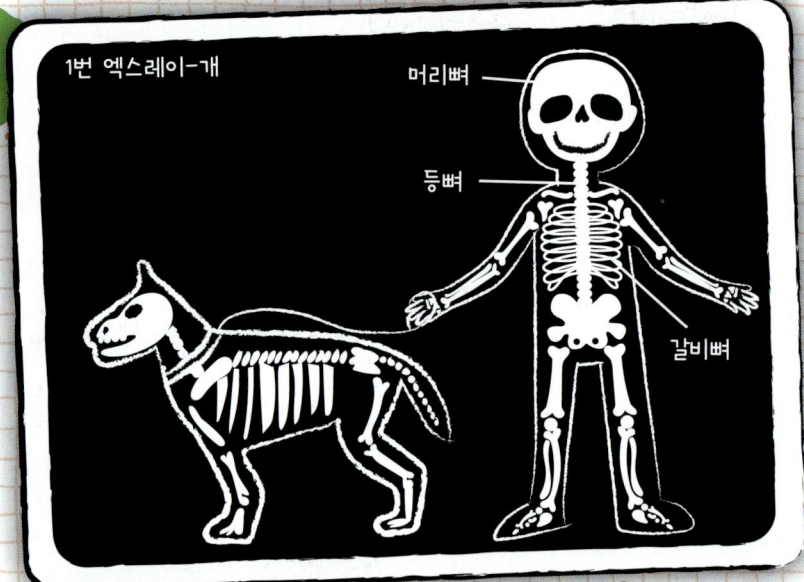

1번 엑스레이-개 / 머리뼈 / 등뼈 / 갈비뼈

앞발, 지느러미발, 날개

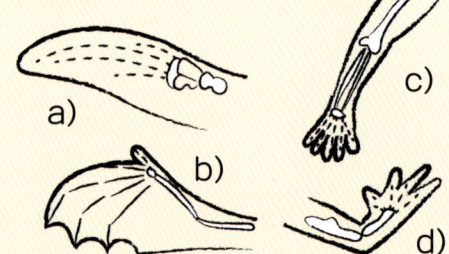

a) b) c) d)

동물마다 뼈를 사용하는 방식에 따라 생김새가 달라. 각자 쓰임새에 맞게 움켜쥐거나, 헤엄치거나, 뛰거나, 날기에 좋게 생겼지.

왼쪽의 앞발, 지느러미발, 날개 뼈가 어느 동물의 것인지 찾아 봐.

박쥐

고래

원숭이

개구리

환경에 적응한 동물

사람과 뼈대가 비슷한 동물도 있지만, 전혀 다른 동물도 있어.

5번 엑스레이 -말발굽

2번 엑스레이-새

새는 턱과 이빨 대신 부리가 있어. 또 뼈가 비어 있는 덕분에 몸이 가벼워서 잘 날 수 있지.

말은 발굽이 있어서 험한 길에서도 오래 달릴 수 있어. 단단한 발굽에는 발가락뼈가 한 개만 들어 있어.

4번 엑스레이-뱀

거북은 위험하다고 느끼면, 등뼈를 구부려 머리를 단단한 등딱지 안으로 집어넣어.

3번 엑스레이-거북

뱀은 다리가 없어. 대신에 수많은 갈비뼈를 좌우로 움직이며 미끄러지듯 나아가지.

수의사는 동물의 겉모습뿐 아니라 몸속 모습까지 모두 잘 알아야 해. 다음 동물들의 뼈대를 알맞게 연결해 봐.

1. 도마뱀　　2. 개　　3. 고양이　　4. 말

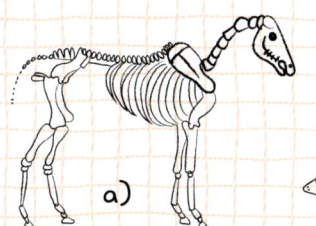 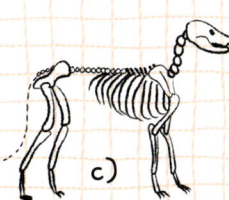 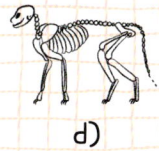

a)　　b)　　c)　　d)

실습 2

동물 병원

동물 병원에 온 걸 환영해.
동물 병원에는 여러 사람들이 일하고 있어.
함께 실습하며 수의사와 간호사가
어떤 일을 하는지 알아보자.

간호사는 수의사를 도와서
동물을 치료해. 진찰하기 전에
먼저 동물의 몸무게를 재야 해.

실습 2 완료!
확인
통과

접수원은 사람들을 맞이하고
예약을 받아. 접수대에서는
동물 장난감이나 목줄, 사료를
팔기도 해.

접수대

함께 찾아 볼까?

동물 병원에서 수의사의 도구들이 어디에 있는지 찾아 봐.

- 심장 소리나 숨소리를 듣는 **청진기**
- 긴 발톱을 자르는 **발톱 깎이**
- 몸의 온도를 재는 **체온계**
- 귓속을 보는 **귀보개(이경)**
- 약물을 몸속에 넣는 **주사기**
- 발에 박힌 가시를 빼내는 **집게**

도움말
동물을 검사한 뒤에는 다른 동물에게 병균이 옮지 않도록 반드시 손을 깨끗이 씻고 진찰대도 닦아야 해.

수의사는 아픈 동물을 꼼꼼하게 살펴보고 반려인과 이야기 나누며, 문제를 찾아내.

검사실

이론 3
동물의 언어

동물 병원에 오면 겁에 질리거나 심술궂게 구는 동물들도 있어.
동물의 몸짓 언어를 보고, 어떤 기분인지 알아보자.

꼬리로 말하기

색깔별로 선을 따라가면,
고양이가 어떤 기분인지
알 수 있어.

- 겁이 남
- 기뻐함
- 화남
- 걱정함
- 짜증 남

귀로 말하기

고양이는 귀로도 감정을 나타내.

경계함	겁이 남	화남
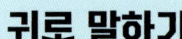			
○ 귀가 쫑긋 서고 눈이 커져.	○ 귀가 납작해져.	○ 귀를 세운 채 뒤로 젖혀.

개의 몸짓 언어

개는 온몸으로 감정을 나타내.

귀를 세우고 꼬리를 쭉 펴면 경계한다는 거야.

귀와 꼬리를 내리면 걱정스럽다는 거야.

고개를 숙이고 꼬리를 내린 채 몸을 떨면 겁이 난 거야.

꽁무니를 들고 앞다리를 바닥에 대면 함께 놀고 싶다는 거야.

귀를 젖히고 이빨을 드러내면 화가 난 거야.

꼬리를 흔들면서 귀를 앞으로 내밀면 기쁜 거야.

도움말
수의사는 심술 난 동물에게 물리거나 할퀴이거나 차이기도 해. 그래서 동물의 몸짓 언어를 배워 두면 도움이 되지!

여기서 잠깐!

아래 동물들의 몸짓을 보고 어떤 감정을 나타낸 것인지 찾아 봐.

a) b) c)

○ 걱정함
○ 기뻐함

○ 경계함
○ 놀고 싶음

○ 겁이 남
○ 화남

이론 4
반려동물 돌보기

반려동물에게 필요한 것:

 편안한 집   재미있는 놀잇감

 건강한 사료   친구

사랑앵무

 커다란 새장을 잘 보이는 안전한 곳에 두어야 해. 사랑앵무가 무엇을 하는지 잘 보이도록 말이야.

 곡식이나 씨앗, 앵무새 사료, 잘게 자른 신선한 채소나 과일을 좋아해.

 그네, 종, 거울 같은 사랑앵무 전용 놀잇감을 넣어 줘.

 혼자 살 수도 있지만, 친구들과 어울려 사는 것을 좋아해.

도움말
날마다 새장 밖으로 꺼내서 운동을 시켜 주어야 해.

기니피그

 아늑한 잠자리가 있는 실내 공간과 안전하게 돌아다닐 수 있는 바깥 공간이 필요해.

 물, 기니피그 사료, 부드러운 마른풀, 깨끗한 식물과 채소를 좋아해.

 쪼르르 다닐 터널과 숨을 수 있는 상자를 넣어 줘. 상자 속에는 마른풀을 깔아 줘.

 기니피그 친구가 필요해.

도움말
감기에 걸리기도 하니 상태를 잘 살펴봐야 해.

동물을 잘 키우려면 손이 많이 가.
수의사로서 반려인에게 현명한 조언을 해줄 수 있도록
반려동물들의 이모저모를 알아보자.

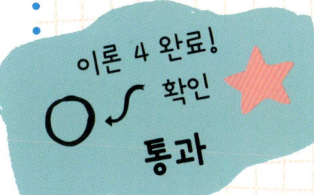

이론 4 완료!
확인 **통과**

친칠라

 기온이 갑자기 바뀌는 걸 싫어해서 우리를 실내에 둬야 해.

 친칠라 사료, 신선한 마른풀, 별미로 신선한 채소를 좋아해.

 발판, 사다리, 그네를 다양한 높이로 설치해서 기어오를 수 있도록 해 줘.

 혼자 살 수도 있지만, 친구들과 어울려 사는 것을 좋아해.

 도움말
매일 모래 목욕을 시키면
털에 윤기가 흐르고 건강해져.

금붕어

 어항은 되도록 큰 게 좋아.

 사료를 너무 많이 주지 않도록 주의해.

 어항에 장식물을 넣어서 금붕어가 여기저기 숨고 헤엄칠 수 있도록 해 줘.

 혼자 살 수도 있지만, 친구들과 어울려 사는 것을 좋아해.

 도움말
정기적으로 물을 갈아 줘야
건강하게 키울 수 있어.

실습 3

건강 검진

이제 첫 동물 환자를 만날 시간이야. 강아지가 새로운 반려인과 생활하려면 먼저 건강 검진을 받아야 해.

이름: 똘망이
나이: 4개월
좋아하는 장난감: 공
좋아하는 것: 배 간질이기

근질거리는 녀석들

반려동물의 몸에는 아주 작은 동물들이 많이 붙어살아. 털 사이에 벼룩과 진드기가 숨어 살면서 피를 빨아 먹기도 하고, 몸속에 기생충이 살기도 해. 고양이, 개, 토끼와 같은 반려동물은 이런 해충을 없애기 위해 정기적으로 관리를 해야 해.

○ 벼룩

진드기 ○

수의사의 기술

벼룩은 너무 작아 찾기가 어려워. 그래서 벼룩이 남긴 흔적을 먼저 찾아야 해.
1. 종이를 깔고서 반려동물의 털을 빗어.
2. 종이에 검은 얼룩이 떨어지면, 물을 한 방울 떨어뜨려 봐.
3. 얼룩이 붉게 물들면, 벼룩의 똥이야. 피가 가득 섞인 똥이지!

그림에서 톡톡 뛰는 벼룩 세 마리를 더 찾아 봐.

마이크로칩 이식하기

마이크로칩은 동물의 등록 번호가 담긴 아주 작은 칩인데, 반려동물의 피부 밑에 이식할 수 있어. 마이크로칩을 이식받은 반려동물은 잃어버리거나 도난당했을 때 되찾기 쉽지. 칩이 아주 작아서 동물은 전혀 불편하지 않아.

스캐너로 마이크로칩을 확인할 수 있어. 스캐너에 뜬 숫자를 보고, 반려인의 이름과 주소를 찾지.

예방 접종

반려동물도 질병에 걸리지 않도록 정기적으로 예방 접종을 해야 해. 해외여행을 갈 때도 해야 하지. 예방 접종은 동물의 몸에 약해진 병균을 조금 주사해서, 몸이 병균과 맞서 싸우는 법을 배우게 하는 거야. 나중에 몸에 병균이 들어오면 쉽게 물리칠 수 있도록 말이야.

도움말

동물 병원에 갈 때 반려동물이 좋아하는 간식을 미리 준비하면, 기분 좋게 검사를 받을 수 있어.

실습 3 완료!
확인
통과

이론 5

몸단장

동물 병원에서 반려동물 뽐내기 대회가 열리고 있어.
무대 뒤에서 어떤 몸단장을 하고 있는지 살펴볼까?
이빨, 털, 발톱을 모두 잘 다듬어야 해!

고양이와 개의 이빨은 전용 치약으로 닦아야 해. 이빨이 지저분하면 입 냄새도 나고 충치가 생길 수도 있어.

고양이는 자기 몸을 혀로 핥아서 털을 손질해. 이때 털을 너무 많이 삼키면 배 속에 털이 뭉쳐서 병이 날 수도 있어. 고양이가 털을 덜 삼키고 건강하게 자라도록 솔로 잘 빗겨 주어야 해.

털이 긴 기니피그는 정기적으로 목욕을 시켜야 털이 엉키지 않고 깨끗하게 유지돼.

피 검사

먼저 정맥에 주사기를 꽂아서 피를 조금 뽑아.
그런 다음 피를 실험실로 가져가서
이상한 점이 없는지 검사해.

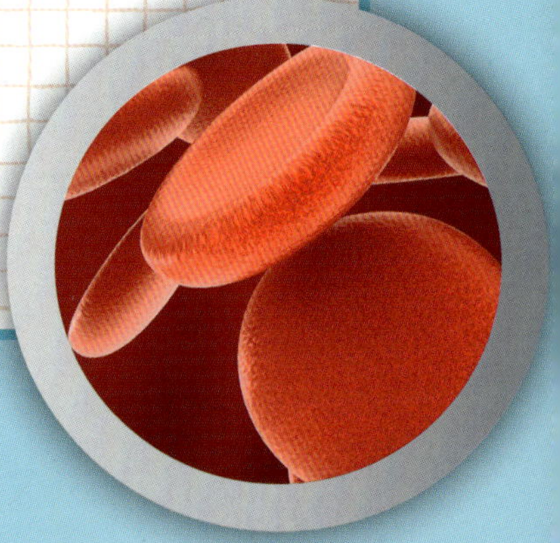

실습 4

어디가 아픈 걸까?

실습 4 완료! 확인
통과

초음파 검사

초음파를 쏘아 몸속에서 일어나는
일을 살펴보는 검사야.
화면으로 심장을 비롯한 여러 장기를
살펴볼 수 있고, 새끼를 가졌는지도
알 수 있어.

엑스레이를 보고 어떤 뼈가 부러졌는지 찾아 봐.

엑스레이 검사
엑스선을 쏘아 몸속을 촬영하는 검사야. 부러진 뼈나 다친 근육을 쉽게 알아볼 수 있어.

반려동물이 말을 할 수 있다면 얼마나 좋을까? 이제 특수한 장비를 써서 반려동물의 몸에 무슨 문제가 있는지 알아보려 해.

수의사의 기술

아래 동물을 찍은 엑스레이 사진이야. 똑같은 것 두 개를 찾아 짝지어 봐.

a)

b)

c)

d)

치료할 시간

이제 마스크를 쓰고 수술복을 입고 수술실로 가 보자.
수술하는 과정을 지켜보고, 반려동물이 회복되는 모습도 살펴볼 거야.

수술

소독하기
수술하기 전에는 손과 팔을 잘 씻어서 병균을 모두 없애야 해.

○ 수술받는 동물이 병균에 감염되지 않도록 수술실의 모든 장비와 도구도 아주 깨끗이 소독해야 해.

마취하기
동물이 마취제를 코로 들이마시게 해서 잠을 재워.

중간중간 확인하기
수술이 진행되는 동안 심장 박동과 호흡이 정상인지 기계로 확인해.

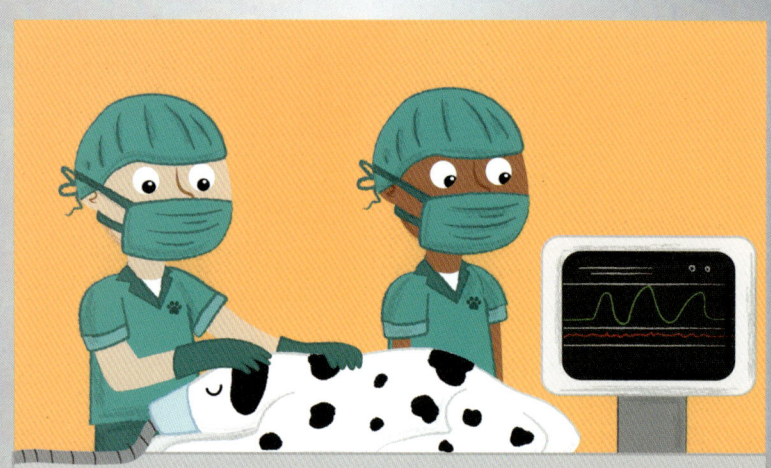

○ 마취제는 아픔을 못 느끼게 해서 동물이 조금 더 편안히 수술받도록 도와줘.

회복

붕대
붕대는 상처를 깨끗하게 유지하고 감염을 막아 줘. 뼈가 부러지면 단단한 석고 붕대를 감아서 부러진 곳이 잘 아물도록 해 줘.

목 보호대
수술 뒤에 꿰맨 부위를 핥지 못하게 막아 줘.

다리가 부러진 고양이에게 석고 붕대를 해 줬어.

집으로

휴식
반려동물이 집에 돌아오면 따뜻하고 조용한 곳에서 쉬게 해 줘.
단백질과 비타민이 풍부한 부드러운 먹이를 주면 회복에 도움이 돼.

약
통증을 줄이고, 감염을 막고, 병을 치료하기 위해서는 약을 잘 먹여야 해.

알약은 좋아하는 간식 속에 숨겨서 먹이면 돼.

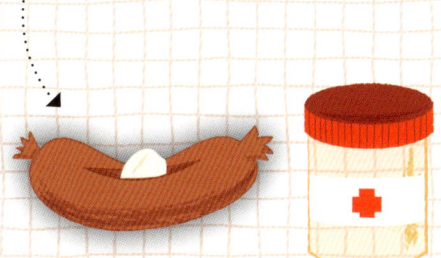

두 그림을 비교해 보고, 다른 곳 다섯 군데를 찾아 봐.

이론 6 완료! 확인 통과

25

이론 7
별난 반려동물

지금부터 조금 별난 반려동물을 만나 보려 해. 아주 작거나, 미끌미끌하거나, 비늘이 많거나, 스르륵 기어 다니는 동물들이야. 모두 행복하고 건강하게 지낼 수 있도록 잘 돌봐 줘야 하지.

곤충은 대부분 식물을 먹어. 그런데 썩은 식물을 좋아하는 곤충도 있어!

구불구불 꿈틀꿈틀 뱀

뱀의 비늘 속에 작은 벌레들이 붙어 살기도 해. 정기적으로 뱀을 검사해서 벌레를 없애 줘야 해.

곤충 먹이

별난 동물 중에는 매일 먹이를 먹어야 하는 것도 있고, 일주일에 한 번만 먹어도 되는 것도 있어. 양서류, 파충류, 거미류는 대부분 곤충을 먹어!

살아 있는 먹이를 줘야 하는 동물도 있어. 먹다 남긴 곤충은 치워 줘야 하지.

실습 5

농장에서

아침 해가 떴어. 어서 일어나! 농장에서는 일찍 일을 시작해야 해. 할 일이 아주 많거든. 동물들을 진찰하려면, 먼저 동물들을 붙잡는 것부터 해야 해!

오늘의 할 일

그림에서 아래 동물들을 찾고 알맞게 진료해 봐.

 ○ **돼지 예방 접종하기**
미리 백신 주사를 맞혀 병에 걸리지 않게 해야 해.

 ○ **발이 아픈 새끼 양 치료하기**
동물들은 농장에서 돌아다니다가 다치기도 해.

 ○ **황소 정기 검진하기**
혹시나 병에 걸렸는지, 아픈 곳은 없는지 검사해.

 ○ **칠면조 약 주기**
가축들은 몸속에서 사는 기생충을 없애기 위해 정기적으로 약을 먹어야 해.

10월 28일 일요일

반가운 소식

오늘 햇살 농장에 가 보니 새끼를 밴 암양들이 많았다. 초음파 검사기로 어미의 배 속에서 새끼 양들이 움직이는 모습을 살폈다. 새끼 양들은 모두 건강하게 자라고 있었다. 5개월 뒤 어미들이 새끼를 낳기 시작하면 무척 바쁠 것 같다!

2월 18일 월요일

쌍둥이

햇살 농장에서 쌍둥이를 밴 어미 양을 검사했다. 몸이 좀 약해서 비타민을 주사해 주었다. 어미도 건강하고 새끼도 쑥쑥 잘 자라려면 먹이를 더 줘야 한다고 주인에게 당부했다.

이론 8

가축 수의사의 일지

수의사의 일지를 읽으며, 어떻게 양 떼를 돌보는지 알아볼까? 수의사는 비가 오든 해가 쨍쨍하든, 낮이든 밤이든 언제나 동물들을 돌볼 준비가 되어 있어야 해.

4월 1일 월요일

새벽에 태어난 새끼

새벽 4시, 햇살 농장에 도착하니 날이 춥고 습기가 많았다. 다행히 양 우리는 따뜻하고 보송보송했다. 어미 양이 쌍둥이 낳는 걸 도왔다. 어미는 갓 태어난 새끼들을 깨끗이 핥아 준 뒤 젖을 물렸다.

동물 가족 찾기

다음 새끼 동물들을 부모와 짝지어 봐.

 망아지

 송아지

 새끼 양

 새끼 돼지

어미의 젖

모든 포유류는 새끼에게 젖을 먹여. 처음 먹이는 초유에는 새끼가 병에 걸리지 않게 지켜 주는 좋은 물질이 가득해.

이론 8 완료! ○✓ 확인
통과

4월 3일 수요일

젖이 부족할 때

햇살 농장에 젖이 충분히 나오지 않는 어미 양이 있었다. 배고파하는 새끼 양에게 농부가 두 시간마다 우유를 먹이기로 했다.
오전 8시, 10시, 낮 12시, 오후 2시, 4시, 6시, 8시, 10시에 주어야 한다.

5월 10일 금요일

잘 자라는 새끼 양들

햇살 농장의 새끼 양들이 태어난 지 어느덧 6주가 되었다. 아픈 곳이 없는지 건강 검진을 하고 병에 걸리지 않도록 예방 접종을 해 주었다.

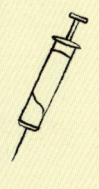

마구간에 외바퀴 손수레가 어디에 있는지 찾아 봐.

서러브레드는 운동선수처럼 경주와 장애물 넘기를 주로 해. 그러다 근육에 쥐가 나고 뼈가 부러지기도 해.

발굽 관리

말을 돌볼 때는 혹시 발굽이 깨져서 아픈지 잘 살펴봐야 해. 말의 발굽은 6주마다 깎아 주고, 세균에 감염되지 않도록 돌과 더러운 것을 긁어 내야 해.

똥 치우기!
말은 날마다 똥을 여덟 무더기나 싸. 그때그때 치우지 않으면, 병균이나 벌레가 들끓을 수 있어.

실습 6 완료!
확인
통과

실습 7

사파리 공원

오늘은 전 세계에 사는 놀라운 동물들을 치료할 거야! 사파리 공원의 지도를 따라가며, 동물들을 살펴보고 주어진 일을 무사히 해내자.

파충류 세상

출발

영장류 세상

오늘의 할 일

 ○ 아픈 아델리펭귄 검사하기

 ○ 나일악어의 길이 재기

 ○ 대벌레의 개체 수 세기

 ○ 새끼 코뿔소의 몸무게 재기

 ○ 비비의 꼬리에 붕대 감기

 ○ 과일박쥐에게 예방 접종하기

찾아가는 법

지도에 표시된 구역과 각 구역의 동물들을 잘 보고, 오늘 가야 할 곳이 어디인지 찾아 봐.

1. **어둠 나라** – 올빼미, 아이아이, 야행성 동물들
2. **영장류 세상** – 원숭이, 여우원숭이, 유인원
3. **벌레 정글** – 거미, 딱정벌레, 그 밖의 곤충들
4. **사파리 여행** – 얼룩말, 기린, 그 밖의 아프리카 동물들
5. **바다 탐험** – 바닷새, 물범
6. **파충류 세상** – 바다거북, 뱀, 그 밖의 비늘로 덮인 동물들

이론 9

특수 치료

오늘은 약을 쓰지 않아도 돼.
동물 병원에서는 빛, 물, 심지어 바퀴를 이용해서
아픈 동물들을 치료하기도 해.

이 거북은 앞다리를 잃었지만,
작은 바퀴를 다리 삼아
돌아다닐 수 있어.

인공 부위

사고로 다리를 잃거나 병에
걸려 다리를 잘라 내야 하는
동물도 있어. 그럴 때는
동물에게 의족을 달아 줘.

어느 동물의 것일까?

다음 부위가 어느
동물을 위해 만든
것인지 알맞게
짝지어 봐.

 부리   발  꼬리

 오리  돌고래   앵무새

따뜻한 광선

레이저 치료는 상처에 레이저 광선을 쬐어 주는 거야. 레이저 광선은 수술받은 동물을 잘 회복시키고 통증도 줄여 주지. 또 상처가 더 빨리 아물도록 해 줘.

 도움말
레이저 치료를 할 때 수의사와 동물은 강한 빛으로부터 눈을 보호하는 고글을 써야 해!

이론 9 완료! 확인 통과

물속 산책

물 치료는 늙어서 힘이 부족하거나 부상 당한 동물을 물을 이용해 치료하는 거야. 뼈와 근육에 무리가 가지 않도록 물속에서 운동을 시켜서 근육의 힘을 길러 주지.

수영장의 얕은 곳에서 걸어 봐. 물속에서 앞으로 나아가기는 어렵지만, 물이 몸을 떠받쳐 줘서 발을 한결 부드럽게 내디딜 수 있어.

이론 10

야생에서 일하기

전 세계의 많은 동물들이 멸종 위기에 처했어. 모험심 강한 수의사들은 동물들이 건강하게 살아남도록 곳곳에서 힘쓰고 있지.

그린란드
캐나다
북아메리카
아메리카흰등독수리
남아메리카
히아신스마코앵무

🐾 멸종 위기 동물

수의사들은 각 동물에게 가장 알맞은 방식으로 위기에 처한 동물들을 돌봐. 멸종 위기에 처한 다음 네 가지 동물이 어디에 사는지 세계 지도에서 찾아 보자.

대모거북

 지역: 미국 플로리다
문제: 바다에 버려진 쓰레기를 먹고 병들거나 낚싯줄에 휘감기기도 해.
도울 방법: 수의사들은 병들고 다친 거북을 치료한 뒤 야생으로 돌려보내.

로랜드고릴라

 **지역:** 아프리카 르완다
문제: 사람으로부터 감기 같은 병이 옮아서 아주 심하게 앓곤 해.
도울 방법: 수의사들은 아픈 고릴라를 찾아서 항생제 주사를 놓아 줘.

이론 10 완료!
○○ 확인
통과

눈표범
수마트라호랑이
러시아
유럽
중국
인도
아프리카
유럽들소
호주
검은코뿔소

여기서 잠깐!

지도에서 아래 멸종 위기 동물을 찾아 봐.

○ 아시아코끼리
○ 유럽밍크
○ 대왕고래

아무르표범

지역: 러시아
문제: 야생에 남은 아무르 표범은 고작 70마리에 지나지 않아.
도울 방법: 수의사들은 병든 표범을 치료해서 더 이상 표범 수가 줄지 않게 해.

대왕판다

지역: 중국
문제: 사냥꾼이 사슴 같은 동물들을 잡으려고 놓은 덫에 걸리곤 해.
도울 방법: 수의사들은 판다 전용 병원에서 다친 판다를 치료해.

39

실습 8

실습 8 완료!
○ 확인
통과

야생 동물 구조하기

오늘은 야생 동물 구조 센터에 동물들이 많이 실려 와서 무척 바빠. 대부분 아프거나 다치거나 버려진 동물들이야. 모두 다 나아서 야생으로 돌아가기를 바라는 마음으로 정성껏 돌봐야 해. 자, 함께 도와서 일하자.

응급실

환자: 길에서 발견된 어린 사슴
상태: 한쪽 다리를 다쳐서 몸이 아주 약해져 있고 탈수 증상을 보임.
치료: 정맥으로 영양소가 든 수액을 주사함. 상처를 소독하고 붕대로 감음.

격리실

환자: 새끼 여우
상태: 피부병과 피부 감염이 심각함.
치료: 약용 샴푸로 깨끗이 씻김. 다른 동물이나 사람에게 피부병을 옮길 수 있으니 나아질 때까지 격리실에서 돌보기로 함.

도움말

조심해! 야생 동물은 사람에게 위험할 수 있어. 잘 훈련된 상태에서 다루어야 해.

고아 오리들에게 귀여운 장난감을 주면 엄마로 여기고 좋아해.

이 물범은 몸무게가 35킬로그램은 되어야 해. 그럼 얼마나 더 늘어야 할까?

20킬로그램

고아원

환자: 도랑에 빠져서 엄마를 잃어버린 새끼 오리
상태: 추워서 벌벌 떠는 데다 굶주림.
치료: 따뜻한 적외선 등 아래에 두고, 먹이와 물을 줌. 다른 고아 오리들과 함께 둠.

웅덩이

환자: 물범
상태: 그물에 걸려서 목을 심하게 베이고 체중 미달.
치료: 그물을 잘라 내고 다친 상처를 치료함. 몸에 지방이 많이 불어나도록 비타민과 생선을 충분히 먹임.

엑스레이

환자: 백조
상태: 깡마르고 목을 가누지 못함.
치료: 엑스레이를 찍어 보니 배 속에 납이 든 낚싯바늘이 있음. 납에 중독되어 있어서 위장을 씻어 냄.

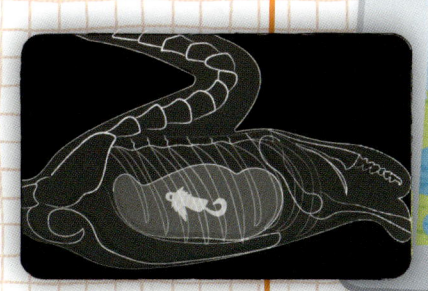

백조가 납으로 된 낚싯바늘을 삼켰어.

이론 11

특이한 일터에서

이론 11 완료! 확인 통과

영화 촬영장에서

"나는 강아지부터 펭귄에 이르기까지 영화에 나오는 온갖 동물들을 돌보고 있어! 동물들이 건강한지 늘 살피고, 안전하고 즐겁게 촬영하도록 도와. 영화를 찍다가 응급 상황이 생기면, 재빨리 응급 조치해."

진짜 동물이 나오는 영화나 텔레비전 프로그램을 혹시 알고 있니?

군대에서

"나는 전 세계를 돌아다니면서 일해. 군대에서 훈련받고 일하는 탐지견과 경비견을 돌봐. 병들거나 다친 개를 치료하고, 잘 나았는지 살펴봐."

휴! 이제 훈련을 거의 다 마쳤어. 동물 병원이 아닌 아주 특이한 곳에서 일하는 수의사들을 만나러 가 볼까?

공항에서

"나는 반려동물과 함께 비행기를 타려는 사람들을 도와. 동물이 비행기를 탈 수 있을 만큼 건강한지 살펴보고, 백신 접종을 하고, 동물 여권과 여행 서류도 확인해. 동물이 들어가야 할 여행 상자가 안전하고 편안한지도 확인해."

경찰서에서

"경찰서에서 일하는 동물은 일하다가 다칠 때가 많아. 말은 군중을 인도하고, 개는 범죄를 해결하고 범죄자를 잡는 데 도움을 줘. 동물들이 건강하게 맡은 일을 잘 해내도록 도와야 해."

졸업 시험

얼마나 배웠는지 확인해 볼까?

1 수생 동물 수의사는 어떤 동물을 돌볼까?
   a) 파충류
   b) 조류
   c) 어류

2 등에 있는 뼈를 부르는 말은?
   a) 세로뼈
   b) 등뼈
   c) 등목

3 매일 모래 목욕을 해야 하는 동물은?
   a) 금붕어
   b) 고양이
   c) 친칠라

4 사랑앵무는 얼마나 자주 새장 밖에서 운동을 시켜야 할까?
   a) 일주일에 한 번
   b) 절대로 안 됨
   c) 매일

5 청진기는 무엇을 할 때 쓸까?
   a) 심장 소리를 듣기 위해
   b) 귀를 보기 위해
   c) 주사를 놓기 위해

6 다음 중 옳은 것은?
   a) 개는 이빨을 닦아 주어야 한다.
   b) 고양이는 수염을 깎아 주어야 한다.

7 다음 중 반려동물의 몸에 사는 벌레는?
   a) 벼룩
   b) 집게벌레
   c) 파리

8 다음 중 틀린 것은?
   a) 기니피그는 한 마리씩 따로 키워야 한다.
   b) 기니피그는 친구와 함께 살아야 한다.

9 도마뱀붙이는 어떤 종류에 속할까?
   a) 어류
   b) 파충류
   c) 곤충

10 다음 중 별난 반려동물에 소개된 것은?
   a) 뱀
   b) 흰족제비
   c) 여우

11 도마뱀을 기를 때 무엇을 먹여야 할까?
   a) 썩은 채소
   b) 살아 있는 곤충
   c) 구운 고기

12 엑스레이에 보이는 것은?
   a) 심장
   b) 뼈
   c) 핏줄

13 영국에서 말의 키를 잴 때 쓰는 단위는?
   a) 헤드
   b) 핸드
   c) 행주

14 샤이어는 주로 무엇을 할까?
   a) 장애물 넘기
   b) 경주
   c) 무거운 짐 운반하기

15 말의 발굽은 얼마나 자주 깎아 줘야 할까?
   a) 6주마다
   b) 6일마다
   c) 6개월마다

수의사 점수

정답과 맞추어 보고 점수를 계산해 봐.

1-5점 안타까워! 다시 동물 병원으로 돌아가서 훈련해야 해.

6-10점 잘했어! 뛰어난 수의사가 될 자질이 보여.

11-15점 최고야! 이미 최고의 수의사인걸!

용어 알아보기

수의사가 쓰는 용어들

감염
몸에 병균이나 세균이 들어와서 그 수가 급격히 늘어나는 거예요.

격리
남들과 만나지 못하게 따로 두는 거예요.

고아 동물
부모가 죽어서 홀로 된 새끼예요.

기관
심장이나 폐처럼 몸에서 특정한 일을 맡아 하는 부위예요.

기생충
다른 동물이나 식물에 붙어서 살아가는 작은 동물이에요.

마이크로칩
정보를 전달할 수 있는 작은 전자 부품이에요.

마취제
수술할 때 동물이 고통을 느끼지 못하게 하는 기체나 주사액이에요.

멸종 위기
어떤 생물의 수가 줄어들어 위태롭거나 사라질 위험에 처한 거예요.

뼈대
사람이나 동물의 몸에서 틀을 유지하는 모든 뼈예요.

야생 동물 구조 센터
아프거나 다치거나 버려진 야생 동물들을 데려와 잘 치료하고 관리해서 자연으로 돌려보내는 곳이에요.

예방 접종
동물이 병에 걸리지 않도록 적은 양의 병균을 주사하여 병균과 싸우는 법을 몸이 배우게 하는 거예요.

탈수
몸에 물이 부족한 상태예요.

항생제
몸속의 병균을 죽이는 약이에요.

수의사 학교

잘했어요!

수의사 훈련을 통과했어요.

자격 획득

이름 _____

정답

6쪽
다른 동물 찾기 정답=기니피그, 붕대가 없음.

10쪽
엑스레이 정답

알맞은 뼈 정답
a=고래; b=박쥐; c=원숭이; d=개구리

11쪽
동물의 뼈대 정답
1=b; 2=c; 3=d; 4=a

13쪽
함께 찾아 볼까? 정답=노란 원

14쪽
고양이의 기분 정답

화남 기쁨함 겁이 남

걱정함 짜증 남

15쪽
여기서 잠깐! 정답
a=기쁨함; b=경계함; c=겁이 남

18-19쪽
벼룩 찾기 정답=빨간 원

21쪽
여기서 잠깐!
정답=파란 원

23쪽
수의사의 기술 정답=a와 d

부러진 뼈 정답

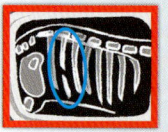

25쪽
다른 곳 찾기 정답
=파란 원

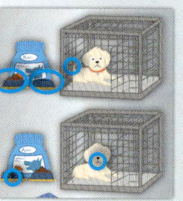

26-27쪽
별난 동물 찾기 정답=빨간 원
건강하게 집 꾸미기 정답=파란 원

28-29쪽
오늘의 할 일 정답=빨간 원
수의사의 기술 정답=파란 원, 5마리

31쪽
동물 가족 찾기 정답

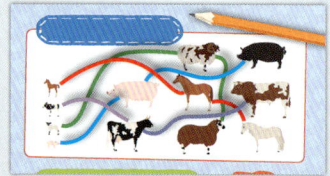

32-33쪽
손수레 찾기 정답=하얀 원

34-35쪽
오늘의 할 일 정답
아델리펭귄=바다 탐험; 나일악어=파충류 세상;
대벌레=벌레 정글; 새끼 코뿔소=사파리 여행
비비=영장류 세상; 과일박쥐=어둠 나라
이구아나=파충류 세상

여기서 잠깐! 정답=빨간 원

36쪽
어느 동물의
것일까? 정답

38-39쪽
멸종 위기 동물 정답=노란 원
여기서 잠깐! 정답=빨간 원

41쪽
물범 정답=15킬로그램 늘려야 함.

44-45쪽
1=c; 2=b; 3=c; 4=c; 5=a; 6=a;
7=a; 8=a; 9=b; 10=a; 11=b; 12=b;
13=b; 14=c; 15=a

글쓴이 캐서린 아드

어려서부터 줄곧 책 읽기와 글쓰기를 좋아했습니다. 대학에서 영문학과 불문학을 공부하고 어린이책 편집자이자 작가로 일합니다. 어린이들이 재미있게 활동하면서 여러 가지 지식을 쌓을 수 있는 책을 주로 만들어 왔습니다.

그린이 세라 로런스

날마다 영감을 주는 어린 딸과 함께 영국 남동부의 작은 도시 워딩에 살고 있습니다. 어린이책 출판사에서 일하는 틈틈이 그림을 그립니다. 주로 밝고 매력적인 디지털 일러스트레이션 작업을 합니다.

옮긴이 이한음

우리나라를 대표하는 과학 전문 번역가입니다. 전문적인 과학 지식과 인문학적 사유가 조화를 이룬 번역으로 이름이 높습니다. 《바디 : 우리 몸 안내서》, 《우리는 왜 잠을 자야 할까》, 《만들어진 신》, 《바이러스 행성》, 《알고리즘, 인생을 계산하다》를 비롯해 수많은 책을 우리말로 옮겼습니다. 어린이책으로는 〈과학탐험대 신기한 스쿨버스〉 시리즈, 《로봇 백과 ROBOT》, 《인체 탐구》 들이 널리 읽혔습니다.